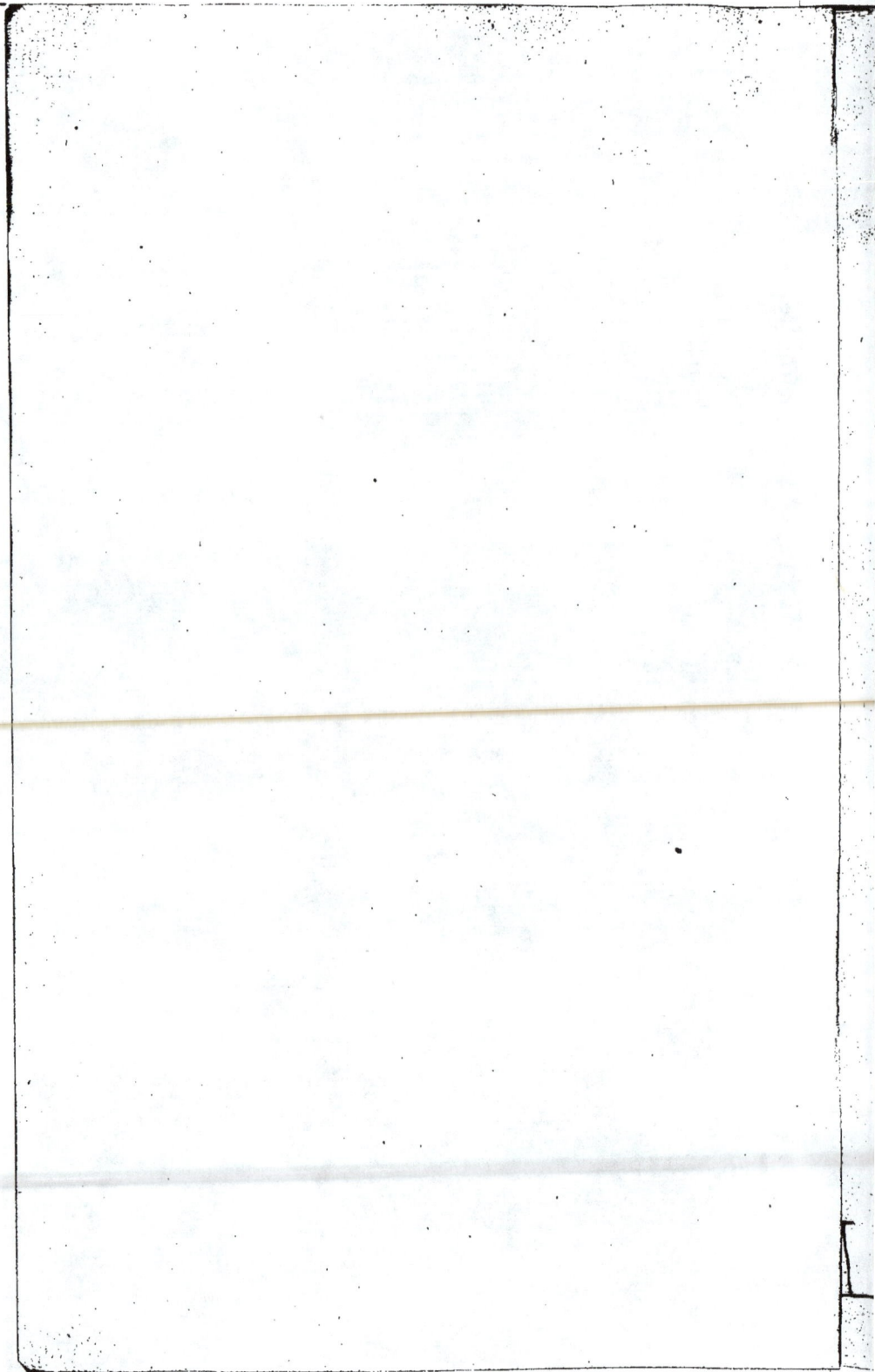

ASSOCIATION AMICALE

DES

ANCIENS ÉLÈVES DE L'ÉCOLE CENTRALE

DES ARTS ET MANUFACTURES

~~~~~~

DISCOURS PRONONCÉS SUR LA TOMBE

DE

M. RENÉ DEMIMUID

ARCHITECTE-INSPECTEUR DES TRAVAUX DE LA VILLE DE PARIS,
PROFESSEUR D'ARCHITECTURE A L'ÉCOLE CENTRALE,
VICE-PRÉSIDENT DE L'ASSOCIATION AMICALE DES ANCIENS ÉLÈVES,
MEMBRE DU COMITÉ DE LA SOCIÉTÉ DES INGÉNIEURS CIVILS,
OFFICIER D'ACADÉMIE.

Décédé à Paris le 4 juin 1881

PARIS

IMPRIMERIE NOUVELLE (ASSOCIATION OUVRIÈRE)

11, RUE CADET, 11

—

1881

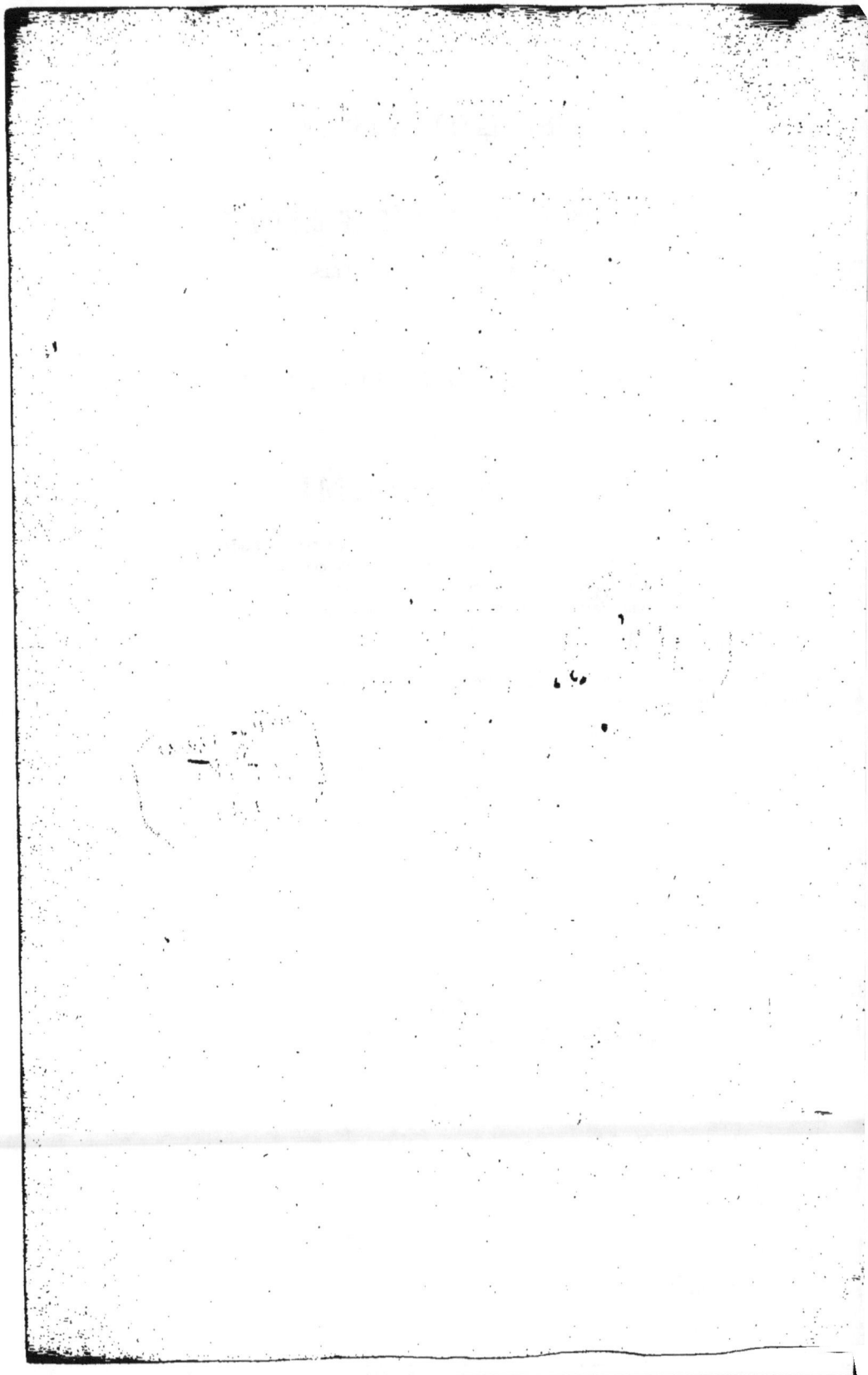

AU NOM DE L'ÉCOLE CENTRALE

PAR

M. CAUVET, Directeur des Études.

MESSIEURS,

L'Ecole Centrale est toute frémissante d'une terrible émotion en présence de cette tombe. Comment! ce Camarade, cet ami, ce Maître, encore hier parmi nous, plein de vie, de force, d'intelligence, n'est qu'un corps inerte, un souvenir! Il faut les immenses tristesses d'un épouvantable malheur pour se faire à l'idée que Demimuid n'est plus. Quel deuil parmi nous! L'Ecole avait apprécié, à son temps, son Elève consciencieux, appliqué à ses devoirs, de relations aimables, passionné pour le beau, mais demandant toujours à la règle de tempérer les enthousiasmes de l'artiste. Déjà, dans ses premières études, l'Ecolier se faisait distinguer par la clarté et l'élégance de ses solutions, autant que par l'éclat réservé de la forme. On a souvent reproché aux études positives de ne pas exercer suffisamment les attributs essentiels de l'humanité : l'imagination, le cœur, le sens moral. Certes, nous avons là un grand exemple pour nous apprendre que le culte du beau, l'exercice de l'extrême bonté, la grandeur d'âme, peuvent marcher de pair, dans nos rangs, avec les rigorismes du vrai et l'exactitude de la réalité.

Demimuid entra à l'Ecole Centrale en 1855 et en sortit avec distinction en 1858. Pendant ses trois années d'études, il fut un Camarade excellent, tout rempli de l'estime et de l'affection de ses condisciples. Il fut aussi un Elève laborieux et remarqué; il avait cette foi courageuse et ordonnée, qui seule permet d'arriver à la possession complète d'un enseignement sérieux, difficile et étendu.

A peine était-il diplômé comme ingénieur, que déjà les connaissances spéciales de cet art ne lui suffisaient pas. Il avait été initié aux règles de l'utile; par goût, il voulut donner une part égale à l'étude du beau.

L'Ecole des Beaux-Arts avait à satisfaire ce tempérament artistique: il en devint le disciple en quittant l'Ecole Centrale. Ses nouvelles études furent aussi brillantes que les premières; l'architecte fut aussi distingué que l'ingénieur. Dans cette nouvelle carrière, nous l'avons vu, faisant de l'idéal le principe qui le guidait dans ses recherches, mais sans se laisser entraîner jamais par les écarts d'une imagination superficielle.

Le tempérament exact et vigoureux de l'ingénieur reparaissait souvent et modérait les ardeurs de l'artiste. Avant tout, il étudiait profondément, il amassait de tous côtés de nombreuses informations; il examinait attentivement les besoins à satisfaire; il interrogeait, notait tout; et quand il possédait ainsi un ensemble complet des choses utiles et nécessaires, alors seulement l'imagination apparaissait, alors il savait revêtir d'une forme harmonieuse, brillante, et toujours approuvée parce qu'elle était vraie, ces mille détails d'un édifice, expression d'un service humanitaire. C'est parce l'Ecole Centrale avait su reconnaître cet équilibre, entre le pouvoir créateur de l'Imagination et la pondération du Savoir, que lorsqu'elle eût à développer, en première année, un cours sur les éléments de la construction architecturale, elle demanda à Demimuid de se charger de cet enseignement.

Nous pouvons affirmer, nous qui avons été les témoins attentifs de ses efforts, que ses leçons ont donné des résultats remarquables et ont produit des progrès incessants. Mais son action ne s'arrêtait pas au seul effet intellectuel. Le maître savait échauffer une doctrine correcte par une aménité persuasive, bienveillante et sympathique. Son auditoire appréciait tant d'attrayantes qualités et lui donnait en échange: confiance, respect, affection.

Il ne nous appartient pas de parler des travaux de l'architecte; toutefois l'Ecole Centrale ne pourra jamais oublier tout ce qu'elle doit à Demimuid, à ses labeurs, à ses talents, à son patient dévouement, depuis le jour où il fut devenu indispensable de dresser les projets de ce qui sera la grande Ecole Centrale.

Depuis plus de sept ans, la plus grande part de la vie de l'architecte nous appartenait : études, travaux de recherches, discussions, croquis, beaux dessins, rien ne lui a coûté pour donner entière satisfaction à tous nos besoins, à toutes nos exigences ; et c'est quand ses plans, son projet entier venaient de sortir victorieux de toutes les épreuves ; c'est quand sa gloire entrait dans son plein épanouissement que la mort impitoyable est venue le foudroyer dans la force de l'âge et du talent, l'enlevant à l'affection profonde d'une épouse adorée et bien digne de l'être, à un père et à un frère éplorés, à sa famille entière, à ses nombreux amis, à ses collègues, à ses élèves !

En te perdant, cher ami et cher collègue, nous devons affirmer hautement que nous avons perdu en toi le modèle accompli de l'élève et du maître, l'homme bon et de bien par excellence.

Reçois le dernier adieu de l'Ecole Centrale, à qui tu as tant donné et qui te doit tant. Ton souvenir et ton esprit y seront aussi impérissables que le magnifique monument que tu avais conçu, que tu allais élever et qui doit assurer son glorieux avenir. Adieu !

DISCOURS PRONONCÉ

AU NOM DE L'ASSOCIATION AMICALE

DES ANCIENS ÉLÈVES DE L'ÉCOLE CENTRALE

PAR

M. DE COMBEROUSSE, Président de l'Association.

MESSIEURS, MES CHERS COLLÈGUES, MES CHERS CAMARADES,

J'ai peine à maîtriser mon émotion en face de cette tombe si soudainement et si malheureusement ouverte; mais je ne puis me soustraire au devoir cruel qui m'est imposé.

Une voix autorisée vient de vous parler de notre cher Camarade au nom de l'Ecole Centrale, de vous exposer les services qu'il a rendus à son enseignement.

La grande famille de l'Association amicale des anciens Élèves de cette École exige à son tour un interprète de son chagrin et de ses regrets.

Demimuid, depuis plusieurs années déjà, était l'un des vice-présidents de notre Association. Ceux qui l'ont vu à l'œuvre peuvent dire avec quelle conscience extrême, quelle bienveillance inépuisable il remplissait les fonctions qui lui étaient confiées. Son caractère s'y reflétait tout entier.

Dans les discussions les plus vives, jamais un mouvement d'irritation, jamais un mot blessant ne lui échappait. Il respectait ses contradicteurs, parce qu'il se respectait lui-même. Les idées de conciliation et d'apaisement l'avaient toujours pour défenseur. La camaraderie, dans ce qu'elle a de consolant et d'élevé, la camaraderie désintéressée et émue, était pour lui l'idéal à atteindre; et il prêchait constamment d'exemple.

Il avait foi dans l'avenir de notre Association, et se préoccupait d'une union plus intime encore à établir entre elle et la grande Ecole dont elle n'est qu'une émanation.

On retrouve les traces de cette préoccupation dans le projet si remarquable qu'il a exécuté pour la reconstruction et la nouvelle installation de l'Ecole Centrale, sur la demande et sous l'inspiration de son Conseil de perfectionnement.

Ce projet avait été approuvé par M. le Ministre de l'agriculture et du commerce, il allait être sanctionné par le vote du projet de loi soumis en ce moment même à la Chambre des députés.

Demimuid, après un travail acharné de sept années, touchait à la réalisation de son rêve. Ceux qui savent quel artiste de l'Ecole des Beaux-Arts s'unissait en lui à l'ingénieur de l'Ecole Centrale, comprendront la joie dont il était animé. Cette façade, étudiée avec amour, allait apparaître sobre et imposante ; ce promenoir couvert si original allait développer ses larges baies ; il entendrait bientôt ces escaliers aux courbes élégantes résonner sous les pas de nouvelles générations d'élèves-ingénieurs. Demimuid voyait sentait tout cela. Lui aussi aurait élevé son monument avec le soin jaloux de l'artiste, avec le soin filial de l'ancien élève. Combien il était heureux de cette double tâche !

Et voilà la mort qui apparaît brusquement au tournant du chemin, qui brise cette carrière en pleine maturité, qui anéantit toutes ces espérances !

Contraste vraiment tragique entre la douceur de cœur de notre cher camarade, entre sa vie calme et occupée, toute de travail et de tendresse, et le coup inopiné et brutal qui la termine, nous frappant tous dans notre affection et détruisant l'œuvre dans son germe !

Mais non, je me trompe... L'œuvre de Demimuid surgira de terre... Son projet lui survivra, il portera son nom, il fera la consolation triste mais glorieuse de la veuve qu'il laisse après lui, qu'il aimait tant et dont il était tant aimé !

Nous ne l'oublierons pas non plus. Son souvenir inspirera ses successeurs lorsqu'ils auront à trancher une question délicate, une question de bonté et de conscience.

Notre ami a passé en faisant le bien. L'étape a été trop courte, mais elle a été utilement et noblement remplie.

Adieu, mon cher Demimuid, mon cher camarade. Nous pleurons avec tous les vôtres, avec celle qui était si digne d'être votre compagne !

Adieu, au nom de l'Association amicale tout entière !

DISCOURS PRONONCÉ

AU NOM

DE LA SOCIÉTÉ DES INGÉNIEURS CIVILS

PAR

M. E. MARCHÉ, Vice-Président de la Société.

Je viens à mon tour, avec une bien profonde émotion, au nom de la Société des Ingénieurs civils et de son Comité, dont il était membre, adresser le suprême adieu à celui qui va reposer dans cette tombe si prématurément ouverte.

Notre cher Demimuid, sorti de l'Ecole Centrale, avait embrassé la profession d'architecte vers laquelle l'entraînait un sens artistique inné, mais il était resté ingénieur. C'est dire qu'il possédait, avec un goût exquis et l'amour de l'art, la science de l'emploi judicieux des matériaux et de l'utilisation des espaces, ainsi que la connaissance de toutes les données de la physique et de la mécanique indispensables à la construction des édifices adaptés à leur usage spécial.

Aussi, quand, en 1869, la Société des Ingénieurs civils mettait au concours la construction de son hôtel, le projet de Demimuid « réalisant la meilleure utilisation de la superficie et de la hauteur de la construction, les meilleures dispositions des accès et de la distribution générale » fut-il préféré.

Demimuid construisit donc notre modeste hôtel, et nous savons avec quel succès il a tiré partie d'un terrain situé dans les conditions les plus ingrates comme étendue et comme façade, avec quelle sobriété et quel bon goût il en a réglé l'aménagement et l'ornementation.

L'œuvre n'est pas parfaite, mais les inconvénients que le temps et le développement de notre Société nous forcent à constater ne sont que la conséquence de l'insuffisance du terrain, et tous savent avec quels soins, quelle sollicitude de tous les jours, il s'ingéniait à les atténuer. Nous comptions sur lui pour les corriger, et je dirai plus, nous comptions sur lui pour nous construire le nouvel hôtel que nos besoins croissants nous forceront quelque jour à édifier.

En 1873, Demimuid était nommé membre du Comité, et depuis huit ans, réélu chaque année, il n'a cessé de s'associer à nos travaux avec cette égalité de caractère et ce zèle consciencieux qu'il apportait partout. L'année passée, le Comité le déléguait à Vienne pour y représenter la Société au Congrès des ingénieurs et architectes, et il nous donnait, dans la séance du 5 novembre 1880, un compte rendu de ce voyage qui l'avait tant intéressé et, disait-il, tant instruit.

Hélas, Demimuid disparaît tout à coup, subitement; il est frappé, à sa table de travail, le crayon à la main; il nous quitte en pleine santé, dans l'essor complet de son talent, il disparaît à ce moment précis de la carrière, où entouré encore de maîtres vénérés, il voyait déjà se grouper autour de lui les anciens élèves, ses disciples; à cet âge où le travail est devenu sinon plus facile, du moins plus utile, plus productif, parce qu'aux leçons de l'enseignement et aux aptitudes personnelles vient se joindre cette expérience des faits, si lentement et si chèrement acquise, qui, seule, permet dans notre profession de créer une œuvre complète et durable.

Cette œuvre maîtresse, on vient de vous dire qu'il allait la produire, après sept ans d'efforts passionnés.

Nous n'oublierons jamais Demimuid. Nous garderons fidèlement et pieusement la mémoire de cet homme de bien, de ce collègue dévoué, de ce Camarade si bienveillant, de cet ami si tendre.

Au nom de tous ses Collègues du Comité qui l'aimaient, au nom de tous les ingénieurs civils, c'est en pleurant que je dis adieu à René Demimuid.

PAROLES PRONONCÉES

PAR

M. S. PÉRISSÉ

AU NOM DE LA PROMOTION 1858

Mon cher Demimuid,

Tes Camarades de la promotion de 1858 qui sont là, nombreux, près de moi, t'adressent par ma bouche un dernier adieu.

A toi, qui fus le plus dévoué, le plus obligeant, le plus affectueux;

A toi, qui nous a tenus si souvent sous le charme de ton esprit, de tes paroles toujours bonnes, toujours conciliantes;

A toi, le meilleur de notre promotion.

Les sanglots étouffent ma voix. Je ne pourrai donc pas énumérer tes qualités; mais comment ferai-je, tu les avais toutes.

Tu laisses ici-bas de bien nombreux amis, mais pas un seul ennemi.

Adieu, adieu.

PARIS.— IMPRIMERIE NOUVELLE (ASSOC; OUVR), 11, RUE CADET.— G. MASQUIN, DIR.